Grados PreK a K

Guía del usuario de la Mochila Esencial para la Pausa del Verano

RELÁJATE
★ y lee ★

Summer Bridge ACTIVITIES

Rourke Educational Media — A Division of Carson Dellosa Education

Summer Bridge ACTIVITIES

¡Prevén las pérdidas de conocimiento veraniegas con solo 15 minutos diarios!

De acuerdo con estudios, en el verano hay alrededor de **2 meses de pérdidas de conocimientos,** y las mayores tienen lugar en las áreas de **matemáticas y ortografía.**

97% **de los maestros** dicen que es importante que los estudiantes, durante el verano, **practiquen lo que aprendieron en la escuela.**

 **92%** **de los maestros** concuerdan en que los estudiantes tendrán más éxito a largo plazo **si durante el verano siguen aprendiendo de alguna u otra manera.**

89% **de los padres de familia planean que sus hijos continúen aprendiendo de maneras alternativas** durante el verano.

9 de cada 10 padres de familia dicen que si hubieran sabido que sus hijos iban a perder conocimientos durante el verano, **habrían intentado evitarlo.**

 **84%** **de los padres de familia** afirman que si sus hijos **siguen aprendiendo de alguna manera durante el verano,** tendrán más éxito a largo plazo.

Fuentes:
1. Encuesta de Aprendizaje Veraniego de Carson Dellosa Education, diciembre de 2017.
2. De acuerdo con estudios, en el verano hay alrededor de 2 meses de pérdidas de conocimientos, y las mayores tienen lugar en las áreas de matemáticas y ortografía. (http://archive.education.jhu.edu/PD/newhorizons/Journals/spring2010/why-summer-learning/index.html)
3. Las pérdidas de conocimientos del verano se acumulan; los niños que incurren en ellas normalmente no logran ponerse al corriente durante el otoño. Mientras sus compañeros adquieren más habilidades, ellos se ponen al corriente con lo perdido durante el verano. Para el final del 6º grado, los niños que perdieron conocimientos durante los veranos se encuentran en promedio con 2 años de retraso con respecto a sus compañeros. (http://www.brighthubeducation.com/summer-learning-activities-ideas/78894-how-reading-prevents-summer-learning-loss/).
4. Para el 9º grado, las pérdidas de conocimiento del verano pueden ser las responsables de alrededor de dos terceras partes de la brecha de logros. (http://www.time.com/time/magazine/article/0,9171,2005863,00.html).
5. Lo maestros pasan en promedio de 4 a 6 semanas enseñando de nuevo temas que los estudiantes olvidaron durante el verano (Ron Fairchild, Director ejecutivo del Instituto para el Aprendizaje de Verano del Hospital Johns Hopkins: http://www.whatkidscando.org/archives/whatslearned/WhatIfSummerLearning.pdf).

Cómo usar tu Mochila Esencial de Materiales para la Pausa del Verano

Tu mochila contiene una variedad de materiales para ayudar a que tu hijo aprenda en este verano:

- Un *Libro de actividades para la pausa del verano*
- Tarjetas
- Cuatro libros para lecturas veraniegas de Rourke Educational Media
- Un cuaderno de lecturas de verano (en la parte trasera de esta guía)
- Tres calendarios mensuales (en la parte trasera de esta guía)

Antes de empezar, considera destinar un área de tu casa para las lecturas de verano. Un espacio dedicado a la lectura puede ayudar a motivar a tu hijo, nutrir su creatividad y mejorar su concentración. Deberá tener buena iluminación y un lugar para materiales como lápices, crayones y hojas de papel.

Sigue las pautas indicadas abajo para sacar el máximo provecho a cada parte de tu mochila.

Libro de actividades para la pausa del verano

El libro de actividades es el núcleo del programa de aprendizaje de tu hijo. Contiene dos páginas de actividades divertidas para cada día de la semana durante el verano y sirve de apoyo al desarrollo de habilidades de lectura temprana, matemáticas, habilidades básicas, ciencia, aptitudes y desarrollo del carácter. Las habilidades que tu hijo aprendió en preescolar son repasadas al inicio del libro. Las habilidades del año que viene son presentadas al final.

Motiva a tu hijo a que haga uso de las herramientas adicionales del libro de actividades. Corta las tarjetas que se encuentran al final del libro y únelas con un aro o guárdalas en una bolsa con cierre para que puedas llevarlas contigo. Deja que tu hijo use una calcomanía de estrellita para mostrar que completó las actividades de cada día.

Tarjetas

Usa estas útiles tarjetas para practicar habilidades de aprendizaje importantes. Llévalas contigo cuando viajes o salgas a hacer compras. Consulta la tarjeta de fuentes que está en la caja para obtener ideas de juegos y actividades.

Libros para lecturas veraniegas

Incluye cuatro atractivos libros, seleccionados especialmente para la edad de tu hijo: dos de no ficción y dos de ficción. ¡Permite que estos libros sean el inicio de un verano lleno de lecturas placenteras y divertidas para tu hijo!

Cómo usar tu Mochila Esencial de Materiales para la Pausa del Verano (continuación)

Juntos, lean los libros, asegurándote de que tu hijo aprenda cada palabra. Luego, léelos una y otra vez durante el verano. En cada libro, busca las preguntas para el intercambio de ideas así como los consejos y sugerencias para usar el libro como trampolín para el aprendizaje.

En las páginas 3 a 6 de esta guía del usuario, encuentra aún más consejos para ayudar a tu hijo a aprender leyendo. Estas ideas pueden ser usadas con cualquier libro que tu hijo quiera leer. Incrementarán su compromiso con la lectura y lo ayudarán a maximizar el beneficio y disfrute de las lecturas veraniegas.

Cuaderno de lecturas de verano

Encuentra este cuaderno de fácil uso en la última página de esta guía del usuario. Quizá sea buena idea desprenderlo y colocarlo en un lugar conveniente. Úsalo para dar seguimiento a las lecturas de tu hijo durante el verano, duplicando las páginas según sea necesario. Puedes usarlo también para registrar el progreso hacia un objetivo de lectura, tal como leer 20 libros durante el verano.

Leer por placer es una de las mejores maneras en que tu hijo puede desarrollar habilidades de pensamiento. Visita la biblioteca más cercana con frecuencia. Destina un poco de tiempo cada día para compartir libros con tu hijo o para que los seleccione de manera independiente. Encuentra sugerencias de lecturas en el *Libro de actividades para la pausa del verano* a partir de la página viii.

Calendarios mensuales

Las tres páginas con calendarios al final de esta guía del usuario corresponden aproximadamente a los tres meses de una vacación de verano típica. Podrías pegar cada calendario en el refrigerador o en cualquier otro lugar conveniente.

Los calendarios incluyen sugerencias de actividades para el aprendizaje para cada día del verano. Anima a tu hijo a hacer tantas como le sean posibles. Trata de dedicar al menos 15 minutos cada día a actividades de aprendizaje. Esto ayudará a tu hijo a mantener sus aptitudes y prepararlo para el preescolar.

¡Nadie conoce mejor a tu hijo que tú! No dudes en modificar el número o tipo de actividades para adecuarlas a sus necesidades. Está bien si lo ayudas o si se toman un descanso y retoman la actividad otro día. Usa tu creatividad para hacerla más o menos difícil, para incluirla en un proyecto divertido o para conectarla con la vida de tu hijo.

¡Comencemos! ¡Tu hijo está por iniciar un verano lleno de diversión y aprendizaje!

GUÍA DE LECTURAS VERANIEGAS: FICCIÓN

Leer obras de ficción es una gran manera de hacer que tu hijo use su imaginación, ejercite el pensamiento y las habilidades de solución de problemas y crezca su capacidad de empatía con gente diferente.

Encuentra sugerencias de libros de ficción adecuados para su edad e intereses en el *Libro de actividades para la pausa del verano* a partir de la página viii.

Usa las ideas de las secciones siguientes para fortalecer su compromiso con y aprendizaje de cada libro que tu hijo quiera leer.

ANTES DE LEER

Vista previa
Mira el libro y haz que tu hijo se emocione por leerlo. Lee el título y habla de la imagen de la tapa. Lee la sinopsis de la contratapa junto con tu hijo. Toma el libro y hojéalo. ¿Qué imagen parece más interesante? ¿Cuántas palabras tiene cada página?

Conecta
Pide a tu hijo que piense cómo se relaciona el cuento con sus propias experiencias. ¿El personaje principal es más joven o más viejo que él/ella? ¿Los lugares mostrados son familiares o desconocidos? ¿Los personajes podrían encontrarse en situaciones por las que tu hijo ha pasado?

Activa los conocimientos que tu hijo pueda tener sobre el contexto. Por ejemplo, si el cuento es sobre el cultivo de un jardín, pide a tu hijo que recuerde sus propias experiencias sembrando plantas.

Haz predicciones
Pregunta a tu hijo qué piensa que puede ocurrir en el cuento. Rétalo a darte razones sobre sus predicciones.

DURANTE LA LECTURA

Pon atención a lo que está impreso
Mientras lees, señala letras y palabras que le sean familares y pide que las identifique. Ayúdalo a entender que las letras pueden formar palabras y que las palabras cuentan una historia. Pasa tu dedo debajo del texto para ayudar a tu hijo a entender que leemos de izquierda a derecha y de arriba abajo. Escoge algunas palabras simples para ayudarlo a leer relacionando cada palabra con un sonido y mezclando los sonidos de cada una.

Detente y revisa
Cuando veas una palabra desconocida, deja de leer y explícale el significado. Juntos, revisen el texto alrededor de esa palabra, así como las ilustraciones, para encontrar pistas sobre su significado. Quizá te convenga hacer una lista con las palabras nuevas que tu hijo haya aprendido.

Haz un pausa y predicciones
Ocasionalmente, detente y habla acerca del cuento. ¿Qué ha sucedido hasta ahora? ¿Qué dificultades enfrentan los personajes? ¿Qué decisiones piensa tu hijo que tomarán? Anima a tu hijo a razonar sobre sus predicciones usando evidencias de otras partes del cuento.

GUÍA DE LECTURAS VERANIEGAS: FICCIÓN

Identifica los elementos del cuento
Conforme tu hijo lee y comenta el cuento, motívalo a usar la terminología relacionada con la ficción.

¿Cuáles son los *personajes* de este cuento?

¿Cuál es el *escenario* del cuento? ¿El escenario es importante para el cuento, o podría llevarse a cabo en cualquier lugar?

¿Qué sucesos ocurren al *incio*, la *mitad* y el *final*?

¿Cuál es el *conflicto* que el personaje principal enfrenta?  ¿Qué dice o hace para resolver el conflicto?

DESPUÉS DE LA LECTURA

Verifica la comprensión
Haz preguntas para verificar su comprensión del cuento. Haz preguntas básicas (por ejemplo: ¿cómo se escapó la jirafa del zoológico?), así como preguntas que requieren un pensamiento más complejo (por ejemplo: ¿cómo se sentía el personaje en la fiesta?). Si el libro incluye preguntas diseñadas para verificar la comprensión de lectura, úsalas con tu hijo.

Intercambia ideas
Habla acerca del cuento con tu hijo. ¿Cómo se sintió con el final? ¿Qué dudas le dejó? ¿Tu hijo está de acuerdo o en desacuerdo con las decisiones del personaje principal? Pide a tu hijo que recuerde sus partes preferidas del cuento y describa por qué son memorables o significativas. Si el libro incluye preguntas para la discusión, úsalas.

Amplía
Motiva a tu hijo a que amplíe el disfrute del cuento al conectarlo con un proyecto, actividad o exploración divertidos. Sé creativo y aporta tus propias ideas, o prueba alguna de estas:

- Haz un títere de dedo de cada personaje y representa el cuento.
- Haz una ilustración nueva para el cuento.
- Usa bloques u otros juguetes de construcción para hacer una representación del cuento.
- Escribe e ilustra tres palabras importantes del cuento.
- Haz tarjetas que muestren sucesos del cuento. Mézclalas, ponlas en orden para mostrar lo que sucede al inicio, la mitad y el final.

GUÍA DE LECTURAS VERANIEGAS: NO FICCIÓN

Leer no ficción representa una forma ideal de lograr que tu hijo adquiera conocimientos fascinantes sobre el mundo, ejercite sus habilidades de pensamiento crítico y practique la lectura como adquisición de información, una habilidad que usará toda su vida en un mundo cada vez más complejo.

Encuentra sugerencias de libros de no ficción adecuados para su edad e intereses en el *Libro de actividades para la pausa del verano* a partir de la página viii.

Usa las ideas de las secciones siguientes para fortalecer su compromiso con y aprendizaje de cada libro de no ficción que tu hijo quiera leer.

ANTES DE LEER

Vista previa
Mira el libro y haz que tu hijo se emocione por leerlo. Lee el título y habla de la imagen de la tapa. Lee la sinopsis de la contratapa junto con tu hijo. Toma el libro y hojéalo. ¿Qué imagen parece más interesante? ¿Cuántas palabras tiene cada página?

Haz predicciones
Pregunta a tu hijo de qué piensa que tratará el libro. ¿Qué tipo de hechos incluye? ¿Qué preguntas responderá? Rétalo a darte razones sobre sus predicciones.

Conecta
Pide a tu hijo que piense cómo se relaciona el tema del libro con sus propios conocimientos y experiencias. ¿El libro le da información sobre un tema del que ya sabe mucho? Si es así, ¿qué nuevas cosas espera aprender? ¿El tema incluye gente, lugares o cosas que no le son familiares? Si es así, ¿qué espera aprender?

Ya sea que el tema resulte familiar o desconocido, activa los conocimientos que tu hijo pueda tener al respecto. Por ejemplo, si trata de camiones de bomberos, pídele que recuerde la última vez que vio uno y cómo era y sonaba.

DURANTE LA LECTURA

Pon atención a lo que está impreso
Mientras lees, señala letras y palabras que le sean familares y pide que las identifique. Ayúdalo a entender que las letras pueden formar palabras y que las palabras transmiten información. Pasa tu dedo debajo del texto para ayudar a tu hijo a entender que leemos de izquierda a derecha y de arriba abajo. Escoge algunas palabras simples para ayudarlo a leer relacionando cada palabra con un sonido y mezclando los sonidos de cada una.

Detente y revisa
Cuando veas una palabra desconocida, deja de leer y explícale el significado. Juntos, revisen el texto alrededor de esa palabra, así como las ilustraciones, para encontrar pistas sobre su significado. Quizá te convenga hacer una lista con las palabras nuevas que tu hijo haya aprendido.

GUÍA DE LECTURAS VERANIEGAS: NO FICCIÓN

Haz un pausa y predicciones
Ocasionalmente, detente y habla acerca del libro. ¿Qué dudas acerca del tema han sido respondidas hasta el momento? ¿Qué dudas quedan aún sin respuesta? ¿Qué información piensa tu hijo que encontrará más adelante? Anima a tu hijo a razonar sobre sus predicciones usando evidencias de otras partes del libro.

Identifica la información relevante
Conforme tu hijo lee y comenta el libro, motívalo a usar la terminología relacionada con la no ficción.

¿Cuál es la *idea principal* del libro? ¿Qué es lo que el autor más desea que entiendas y recuerdes?

¿Qué *hechos* son mencionados para respaldar la idea principal?

¿El libro tiene fotografías o ilustraciones con *pies de foto*, palabras en *negritas*, un *índice*, *encabezados* de capítulos y secciones o un *glosario*? ¿Cómo ayudan estas características a usar el libro y entender el tema?

DESPUÉS DE LA LECTURA

Verifica la comprensión
Haz preguntas para verificar su comprensión del libro. Haz preguntas básicas (por ejemplo: ¿cuántos planetas hay en nuestro sistema solar?), así como preguntas que requieren un pensamiento más complejo (por ejemplo: ¿en qué se parecen una ardilla y un conejo?). Si el libro incluye preguntas diseñadas para verificar la comprensión de lectura, úsalas con tu hijo.

Intercambia ideas
Habla acerca del libro con tu hijo. ¿Qué aprendió sobre el tema? ¿Qué más quiere aprender al respecto? ¿Cómo puede encontrar las respuestas a sus preguntas? Desafía a tu hijo a mencionarte tres hechos y tres opiniones acerca del tema, asegurándote de que distinga entre hecho y opinión. Si el libro incluye preguntas para la discusión, úsalas.

Amplía
Motiva a tu hijo a que amplíe el disfrute del libro al conectarlo con un proyecto, actividad o exploración divertidos. Sé creativo y aporta tus propias ideas, o prueba alguna de estas:

- Haz un video breve acerca del libro.
- Haz dibujos o gráficas simples para mostrar información del libro.
- Escribe una canción sobre hechos mencionados en el libro.
- Explica a un amigo o pariente lo que aprendiste en el libro.
- Visita un museo o lugar similar para aprender más sobre el tema.

Sección 1: calendario

Este calendario contiene sugerencias de actividades para cada día de la semana durante el primer mes de las vacaciones de verano. ¡No olvides apuntar tus lecturas en el *Cuaderno de lecturas de verano*!

Día 1	Día 2	Día 3	Día 4	Día 5
Páginas del día 1. Completa las METAS MENSUALES. ¡Lee! Comparte con un amigo o familliar algo que hayas aprendido	Páginas del día 2. Completa una ACTIVIDAD DE APTITUDES. ¡Lee! Haz una conexión entre algo del libro y algo de tu vida.	Páginas del día 3. Usa las tarjetas para mantener tus habilidades afinadas. ¡Lee! Haz un dibujo que se relacione con el libro.	Páginas del día 4. Completa una actividad de DESARROLLO DEL CARÁCTER. ¡Lee! Escribe una palabra nueva que hayas aprendido.	Páginas del día 5. Completa una actividad EXTRA (a partir de la página 140). ¡Lee! Encuentra una lista de palabras de uso frecuente. Encuentra todas las que puedas en el libro.

Día 6	Día 7	Día 8	Día 9	Día 10
Páginas del día 6. Completa una actividad de EXTENSIÓN AL AIRE LIBRE. ¡Lee! Haz una conexión entre algo que aparece en el libro que estás leyendo con otro que hayas leído.	Páginas del día 7. Muestra a un familiar algo que hayas hecho en tu libro de actividades. ¡Lee! Predice qué más menciona el libro.	Páginas del día 8. Completa una actividad EXTRA (a partir de la página 140). ¡Lee! Representa algo del cuento usando juguetes o bloques.	Páginas del día 9. Usa las tarjetas para mantener tus habilidades afinadas. ¡Lee! Menciona tres palabras que puedas leer por ti solo.	Páginas del día 10. Completa una actividad de EXTENSIÓN AL AIRE LIBRE. ¡Lee! Haz un dibujo que se relacione con el libro.

Día 11	Día 12	Día 13	Día 14	Día 15
Páginas del día 11. Dile a un familiar algo que quieras aprender en la escuela el próximo año. ¡Lee! Señala y nombra 10 letras en tu libro.	Páginas del día 12. Usa las tarjetas para mantener tus habilidades afinadas. ¡Lee! Escoge una página que te guste y léesela en voz alta a un amigo o familiar.	Páginas del día 13. Completa una ACTIVIDAD DE APTITUDES. ¡Lee! Escribe una palabra nueva que hayas aprendido.	Páginas del día 14. Completa una actividad de DESARROLLO DEL CARÁCTER. ¡Lee! Haz una conexión entre algo del libro y algo de tu vida.	Páginas del día 15. Completa una actividad EXTRA (a partir de la página 140). ¡Lee! Comparte con un amigo o familliar algo que hayas aprendido.

Día 16	Día 17	Día 18	Día 19	Día 20
Páginas del día 16. Completa una actividad de EXTENSIÓN AL AIRE LIBRE. ¡Lee! Dibuja un rostro y escribe palabras que describan lo que piensas del libro.	Páginas del día 17. Completa una actividad de LECTURA Y ESCRITURA (página 139). ¡Lee! Haz una conexión entre algo que aparece en el libro que estás leyendo con otro que hayas leído.	Páginas del día 18. Usa las tarjetas para mantener tus habilidades afinadas. ¡Lee! Predice qué más menciona el libro.	Páginas del día 19. Realiza el EXPERIMENTO CIENTÍFICO. ¡Lee! Escribe una palabra nueva que hayas aprendido.	Páginas del día 20. ¡Lee! Representa algo del cuento usando juguetes o bloques. ¡Recibe una recompensa! Podría ser un dulce o una actividad divertida en familia.

Sección 2: calendario

Este calendario contiene sugerencias de actividades para cada día de la semana durante el segundo mes de las vacaciones de verano. ¡No olvides apuntar tus lecturas en el *Cuaderno de lecturas de verano*!

Día 1	Día 2	Día 3	Día 4	Día 5
Páginas del día 1. Completa las METAS MENSUALES. ¡Lee! Comparte con un amigo o familiar algo que hayas aprendido.	Páginas del día 2. Completa una ACTIVIDAD DE APTITUDES. ¡Lee! Haz una conexión entre algo del libro y algo de tu vida.	Páginas del día 3. Usa las tarjetas para mantener tus habilidades afinadas. ¡Lee! Haz un dibujo que se relacione con el libro.	Páginas del día 4. Completa una actividad de DESARROLLO DEL CARÁCTER. ¡Lee! Escribe una palabra nueva que hayas aprendido.	Páginas del día 5. Completa una actividad EXTRA (a partir de la página 140). ¡Lee! Lee en voz alta una misma página usando tres voces distintas cada vez.
Día 6	**Día 7**	**Día 8**	**Día 9**	**Día 10**
Páginas del día 6. Completa una actividad de EXTENSIÓN AL AIRE LIBRE. ¡Lee! Haz una conexión entre algo que aparece en el libro que estás leyendo con otro que hayas leído.	Páginas del día 7. Muestra a un familiar algo que hayas hecho en tu libro de actividades. ¡Lee! Predice qué más menciona el libro.	Páginas del día 8. Completa una actividad EXTRA (a partir de la página 140). ¡Lee! Representa algo del cuento.	Páginas del día 9. Usa las tarjetas para mantener tus habilidades afinadas. ¡Lee! Menciona cinco palabras que puedas leer por ti solo.	Páginas del día 10. Completa una actividad de EXTENSIÓN AL AIRE LIBRE. ¡Lee! Haz un mapa o gráfica que se relacione con el libro.
Día 11	**Día 12**	**Día 13**	**Día 14**	**Día 15**
Páginas del día 11. Dile a un familiar algo que quieras aprender en la escuela el próximo año. ¡Lee! ¿Puedes encontrar todas las letras del alfabeto en el libro?	Páginas del día 12. Usa las tarjetas para mantener tus habilidades afinadas. ¡Lee! Encuentra una lista de palabras de uso frecuente. Encuentra todas las que puedas en el libro.	Páginas del día 13. Completa una ACTIVIDAD DE APTITUDES. ¡Lee! Escribe una palabra nueva que hayas aprendido. Explica qué significa haciendo un dibujo.	Páginas del día 14. Completa una actividad de DESARROLLO DEL CARÁCTER. ¡Lee! Haz una conexión entre algo del libro y algo de tu vida.	Páginas del día 15. Completa una actividad EXTRA (a partir de la página 140). ¡Lee! Comparte con un amigo o un famillar algo que hayas aprendido.
Día 16	**Día 17**	**Día 18**	**Día 19**	**Día 20**
Páginas del día 16. Completa una actividad de EXTENSIÓN AL AIRE LIBRE. ¡Lee! Dibuja un rostro y escribe palabras que describan lo que piensas del libro.	Páginas del día 17. Completa una actividad de LECTURA Y ESCRITURA (página 139). ¡Lee! Haz una conexión entre algo que aparece en el libro que estás leyendo con otro que hayas leído.	Páginas del día 18. Usa las tarjetas para mantener tus habilidades afinadas. ¡Lee! Predice qué más menciona el libro.	Páginas del día 19. Realiza el EXPERIMENTO CIENTÍFICO. ¡Lee! Escribe tres palabras nuevas que hayas aprendido.	Páginas del día 20. ¡Lee! Representa algo del cuento usando juguetes o bloques. ¡Recibe una recompensa! Podría ser un dulce o una actividad divertida en familia.

Sección 3: calendario

Este calendario contiene sugerencias de actividades para cada día de la semana durante el último mes de las vacaciones de verano. ¡No olvides apuntar tus lecturas en el *Cuaderno de lecturas de verano*!

Día 1	Día 2	Día 3	Día 4	Día 5
Páginas del día 1. Completa las METAS MENSUALES. ¡Lee! Comparte con un amigo o un familliar algo que hayas aprendido.	Páginas del día 2. Completa una ACTIVIDAD DE APTITUDES. ¡Lee! Haz una conexión entre algo del libro y algo de tu vida.	Páginas del día 3. Usa las tarjetas para mantener tus habilidades afinadas. ¡Lee! Haz un dibujo que se relacione con el libro.	Páginas del día 4. Completa una actividad de DESARROLLO DEL CARÁCTER. ¡Lee! Escribe una palabra nueva que hayas aprendido.	Páginas del día 5. Completa una actividad EXTRA (a partir de la página 140). ¡Lee en voz alta con un amigo! Lee partes distintas usando voces diferentes.

Día 6	Día 7	Día 8	Día 9	Día 10
Páginas del día 6. Completa una actividad de EXTENSIÓN AL AIRE LIBRE. ¡Lee! Haz una conexión entre algo que aparece en el libro que estás leyendo con otro que hayas leído.	Páginas del día 7. Muestra a un familiar algo que hayas hecho en tu libro de actividades. ¡Lee! Predice qué más menciona el libro.	Páginas del día 8. Completa una actividad EXTRA (a partir de la página 140). ¡Lee! Usa plastilina o masa para hacer algo que aparece en el libro.	Páginas del día 9. Usa las tarjetas para mantener tus habilidades afinadas. ¡Lee! Encuentra una lista de palabras de uso frecuente. Encuentra todas las que puedas en el libro.	Páginas del día 10. Completa una actividad de EXTENSIÓN AL AIRE LIBRE. ¡Lee! Haz un mapa o gráfica que se relacione con el libro.

Día 11	Día 12	Día 13	Día 14	Día 15
Páginas del día 11. Dile a un familiar algo que quieras aprender en la escuela el próximo año. ¡Lee! ¿Puedes encontrar todas las letras del alfabeto en el libro?	Páginas del día 12. Usa las tarjetas para mantener tus habilidades afinadas. ¡Lee! Escoge un pasaje que te guste del libro y léeselo en voz alta a un amigo o un familiar.	Páginas del día 13. Completa una ACTIVIDAD DE APTITUDES. ¡Lee! Escribe cinco palabras nuevas que hayas aprendido. Explica qué significan haciendo dibujos.	Páginas del día 14. Completa una actividad de DESARROLLO DEL CARÁCTER. ¡Lee! Haz una conexión entre algo del libro y algo de tu vida.	Páginas del día 15. Completa una actividad EXTRA (a partir de la página 140). ¡Lee! Comparte con un amigo o un familliar algo que hayas aprendido.

Día 16	Día 17	Día 18	Día 19	Día 20
Páginas del día 16. Completa una actividad de EXTENSIÓN AL AIRE LIBRE. ¡Lee! Haz una lista de libros que hayas leído. Dibuja un rostro junto a cada uno para decir cuánto te gustaron.	Páginas del día 17. Completa una actividad de LECTURA Y ESCRITURA (página 139). ¡Lee! Escribe 5 palabras importantes que aparecen en el libro.	Páginas del día 18. Usa las tarjetas para mantener tus habilidades afinadas. ¡Lee! Predice qué más menciona el libro.	Páginas del día 19. Realiza el EXPERIMENTO CIENTÍFICO. ¡Lee! Dile a alguien qué libro piensas que le gustaría.	Páginas del día 20. ¡Lee! Representa algo del cuento usando juguetes o bloques. ¡Recibe una recompensa! Podría ser un dulce o una actividad divertida en familia.

Cuaderno de lecturas de verano

Nombre: _____

Fecha	Título del libro	Minutos de lectura	Iniciales del adulto

SP Summer Bridge Essentials User Guide PK-K

REMWIP-0235